les animaux du zoo

Avec la collaboration éditoriale d'Evelyne Mathiaud

ILLUSTRATIONS DE JEAN-MARC PARISELLE

nathan

Te rappelles-tu ta dernière visite
au parc zoologique ?
Tu as vu une girafe,
un éléphant, un ours blanc,
un lion et bien d'autres animaux
que tu vas reconnaître dans ce livre.
Mais tu découvriras où et comment
ils vivent dans la nature,
lorsqu'ils sont en liberté.
Tu apprendras aussi
plein de détails amusants...
Sais-tu que le puma
ronronne quand il est heureux ?
Ou que le lion fait la sieste
quand il a bien mangé ?...

La girafe
a un très long cou.
Elle vit en Afrique.
Toute la journée,
elle mange !

Le rhinocéros
est lourd et fort.
Il porte
une ou deux
cornes sur le nez.

Le morse
possède
de longues défenses.
Il nage dans
des mers froides.

L'élan
est un grand cerf
des pays du Nord.
Ses cornes s'appellent
des bois.

L'ours blanc
vit sur la banquise,
dans les glaces
du Grand Nord.
Son épaisse fourrure
lui tient chaud.

Le blaireau
est un animal
de la forêt.
Ses pattes sont munies
de longues griffes.

Le chameau
a deux bosses
sur le dos.
Il vit dans le désert.

Le puma
est un grand chat
sauvage d'Amérique.
Quand il est heureux,
il ronronne !

L'autruche
ne peut pas voler,
car ses ailes
sont trop petites.
Mais elle court très vite !

L'hippopotame
vit en Afrique,
dans des fleuves
ou des lacs.
Il ne vient sur la terre
que pour se nourrir !

Le chamois grimpe
en haut des montagnes.
Il porte
deux petites cornes
recourbées sur la tête.

Le raton laveur
a une curieuse habitude,
il trempe ses aliments
dans l'eau
avant de les manger !

Le tigre marche
sans faire de bruit
dans les hautes herbes.
Sa fourrure est rayée.

Le sanglier
est un cochon sauvage.
Il vit dans la forêt
et sort surtout la nuit.

Le manchot
vit au milieu des glaces
du pôle Sud.
Ses ailes lui servent
de nageoires.

L'éléphant
a de grandes oreilles,
une longue trompe
et des défenses
en ivoire.

Le lynx ressemble
à un gros chat.
Ses oreilles se terminent
par une touffe de poils.

Le renne
vit dans les forêts
et les grandes plaines
du Nord.
Chaque année,
il fait de longs voyages.

Le renard
quitte son terrier la nuit,
pour chasser.
Il jappe
comme un petit chien !

L'ours brun
se cache dans
les montagnes. Il dort
tout l'hiver, à l'abri,
dans sa caverne.

Le panda ressemble
à un ours noir et blanc.
Il vit dans les forêts
de bambous, en Chine.

Le lion
vit en Afrique.
Quand il a bien mangé,
il fait la sieste !

Le loup a l'allure
d'un grand chien,
aux yeux jaunes.
L'hiver, il vit en bandes
dans les forêts.

Le zèbre
vit en troupeau
au bord du désert.
Sa robe est rayée
de noir et de blanc.

Le kangourou
se déplace par bonds.
La maman porte
son petit
dans une poche,
sur son ventre.

Le bison d'Europe
vit dans la forêt.
Le bison américain
se nourrit de l'herbe
des grandes prairies.

La cigogne
est un grand oiseau.
Ses pattes et son bec
sont rouges.
Elle fait son nid
sur les cheminées !